Die kleinen Hefte

Über Terror und Gewalt mit Kita-Kindern sprechen

Die SCHNELLE Hilfe!

Elisabeth Raffauf

Cornelsen

Aus Gründen der besseren Lesbarkeit wird in diesem Buch durchgehend die weibliche grammatische Form verwendet. Natürlich sind damit auch immer Männer gemeint, also Kita-Leiter, Erzieher usw.

Die kleinen Hefte gibt es jetzt auch als Hörbuch. Auf den Internetseiten des Hörbuch-Verlags cc-live finden Sie Hörproben zu allen bereits erschienen Heften.

Lektorat: Mareike Kerz Lektorat & mehr, Mainz
Umschlaggestaltung: Ungermeyer, grafische Angelegenheiten, Berlin
Umschlagfoto: Shutterstock / © cherrymind
Layout und technische Umsetzung: LemmeDESIGN, Berlin

www.cornelsen.de

1. Auflage 2018

Druck: AZ Druck und Datentechnik GmbH, Kempten

ISBN 978-3-589-16140-9

PEFC/04-31-2260

PEFC zertifiziert
Dieses Produkt stammt aus nachhaltig bewirtschafteten Wäldern und kontrollierten Quellen.

www.pefc.de

Inhalt

Ein paar Worte vorab

Wenn etwas Schreckliches geschieht

Wenn etwas Schreckliches, Unfassbares auf der Welt passiert und als Meldung in den Nachrichten landet, dann gehen Bilder um die Welt, die wir so schnell nicht verarbeiten können. Im Internet, im Fernsehen, auf Zeitungscovern: Bilder von verletzten und toten Menschen. Bilder von schreienden, weinenden Müttern und Vätern und Kindern. Bilder von schwer bewaffneten Polizisten, Bilder von vermummten Menschen mit Waffen in der Hand.

Alle Medien berichten über den Terror, die Gewalt, die Ohnmacht, die Hilflosigkeit, das Leid, die Reaktionen der betroffenen Menschen und der Politiker. Sie zeigen verzweifelte, panische, trauernde, tröstende, Mut zusprechende Menschen, die alle nicht wissen, wie sie mit dem Unfassbaren umgehen sollen.

Es werden Analysen gemacht, Hintergründe recherchiert, Wahrscheinlichkeiten berechnet, Antworten auf die Fragen gesucht: Wie konnte es dazu kommen? Hätten wir etwas verhindern können? Wer hat versagt und Verdächtige nicht verfolgt? Wie können wir uns in Zukunft schützen? Versuche, aus der Ohnmacht über das Grauen und den Schrecken herauszukommen, Versuche, so schnell wie möglich wieder Normalität herzustellen und die Bilder aus dem Kopf zu verbannen.

Auch die Kindernachrichten berichten und versuchen das Unfassbare kindgerecht zu vermitteln. Nach ein paar Tagen – meist etwas zeitverzögert – geht es dann in den »erwachsenen« Nachrichten

und Magazinsendungen um die Frage »Wie sprechen wir mit unseren Kindern darüber?« Journalistinnen und Journalisten der Kindernachrichten wollen wissen: »Ist es gut, mit kleinen Kindern über so schreckliche Dinge zu sprechen, oder macht man ihnen dadurch noch mehr Angst? Wie können wir berichten, ohne die Kinder zu sehr zu ängstigen?« Und sie fragen stellvertretend für die Kinder: »Was kann man als Kind tun, wenn man Angst hat?«
Seit einigen Jahren werde ich regelmäßig zu Fernseh- und Hörfunk-Sendungen für Kinder und Erwachsene eingeladen oder für Zeitungen und Zeitschriften interviewt zu den Themen: »Wie sprechen wir mit unseren Kindern über den Terror?« und »Wie können wir ihnen erklären, warum Menschen so etwas machen?« Die erste Anfrage in diese Richtung kam nach dem Amoklauf am Gutenberg-Gymnasium in Erfurt, dann nach dem Amoklauf in Winnenden und den Terroranschlägen in Paris und Brüssel, München, Ansbach und Berlin, Manchester, London, Barcelona.
Die Journalist/-innen fragen: »Wie nehme ich Kindern die Angst?«, »Ab welchem Alter muss man mit Kindern darüber reden?«, »Was können Kinder tun, wenn sie Angst haben?«, »Was machen Eltern, wenn sie selbst Angst haben?«, »Sollen Kinder Nachrichten schauen?« usw.
In diesem Buch wechseln Texte und Dialoge miteinander ab. Die Texte sind erklärend und richten sich an die Erwachsenen. Sie sollen helfen, etwas zu verstehen, sich selbst klar zu machen, worum es geht und sich selbst zu reflektieren. Die Dialoge sind zweierlei. Manche können als Beispiele dienen, wie man mit Kindern ins Gespräch kommen kann. In der Realität wird man mit kleinen Kin-

dern kurze Gespräche führen. Sie wollen oft eine Sache wissen, eine kurze Antwort bekommen oder ein kurzes Gespräch führen, und dann wollen sie sich wieder ihrem Spiel zuwenden. Sie wollen keine Vorträge, sondern haben einen Gedanken, der sie beschäftigt, auf den sie eine Antwort brauchen. Ein Teil der hier geschriebenen Dialoge ist für die Erwachsenen. Die Dialogform macht auch für sie manchmal leichter klar, worum es geht, welche die entscheidenden Fragen sind und was die Antworten sein können. Viel Spaß beim Lesen und Reflektieren und mit den Kindern Ins-Gespräch-Kommen.

Gut zu wissen

Das Gespräch über Terror und Gewalt

Kinder spüren, dass was ist

Kinder sind zarte Wesen mit einer zarten Seele, das passt überhaupt nicht zu so grauenhaften Themen. Am liebsten würden wir sie komplett davon fern halten, sie beschützen in einem Kokon, in dem es nichts Böses gibt und alles gut ist. Ein Paradies, das es nicht gibt, auch nicht in der Kinderwelt.
So sehr wir uns das auch wünschen, wir können unsere Kinder nicht komplett vor den schrecklichen Dingen in der Welt bewahren, wir können sie nicht von den Nachrichten abschotten. Sie bekommen es auch so mit. Sie sehen Bilder in Zeitungskästen, Filme auf Handys, Nachrichten, wenn die Eltern Fernsehen schauen, hören Gespräche von Erwachsenen und spüren den Schrecken und die Angst von Eltern und Erzieherinnen an deren Stimmen oder hektischen Gesten, in deren Augen, an der Art, wie sie sprechen.

»Mama, wieso bist du so aufgeregt?« – Die Angst der Erwachsenen

Wovor haben wir eigentlich selbst Angst? Manche Menschen können es nicht aushalten, einem Kind dabei zuzusehen, wie es einen Baum hochklettert. Sie warnen es deshalb von unten: »Pass auf, fall nicht runter.« Manchmal fällt es dann runter. Manchmal, weil es gewarnt wurde. Es bekommt Angst. Die Angst der Erwachsenen. Und die trägt es mit sich und überträgt sie später auf andere Situationen und vielleicht Jahre später auf die eigenen Kinder, die gern wieder einen Baum hochklettern würden. Anders als ein Kind, dem zugetraut wird, dass es gut klettern kann, selbst absehen kann, wie weit es sich nach oben trauen darf und selbst prüfen kann, ob die Äste stabil genug sind, um es zu halten. Ein Kind, dem zugetraut wird, dass es die Herausforderung schon meistern wird. Das Erwachsene um sich hat, die nicht so schnell panisch werden, aber auch nicht weggucken, sondern die es begleiten, die beobachten und gucken: Wie verhält sich das Kind? Wie wird es die Situation meistern? Wie kann ich es dabei unterstützen? Vielleicht indem ich ihm vermittle: »Du schaffst das«.

Wie ist es, wenn wir von Terror erfahren, von Katastrophen, gegen die wir machtlos sind? Unsere eigenen uralten Trennungs- und Verlustängste werden belebt, Ängste, die aus der Zeit stammen, als wir noch nicht sicher waren, ob unsere Mutter zurückkommt, wenn sie nur eben um die Ecke in der Küche verschwunden war. Die Sicherheit wurde uns vielleicht nicht vermittelt, wir blieben verzweifelt zurück mit dem Gefühl, sie nie wieder zu sehen. Verzweifelt darüber, sämtlichen Schutz und jede Geborgenheit ein für alle Mal verloren zu haben, weil wir nicht wussten, ob sie zurückkommt und wir sicher sind.

Vielleicht sind diese Ängste auch später wieder belebt worden, als die Eltern sich getrennt haben oder drohten wegzugehen. Was passiert mit uns Erwachsenen, wenn wir Angst haben? Wie gehen wir damit um? Werden wir panisch oder ganz ruhig? Wie reagieren wir auf die schrecklichen Nachrichten? Es ist gut, sich dessen bewusst zu sein und zu überlegen: Was brauche ich, um mich zu sortieren? Um nicht meine Angst ungefiltert auf die Kinder, mit denen ich zu tun habe, zu übertragen? Ein Gespräch mit meinem Partner oder einer Freundin? Eine Tasse Tee? Ein Spaziergang um den Block? Fakten, die mir sagen: »So etwas wird mit großer Wahrscheinlichkeit hier nicht passieren?« Auch wir Erwachsenen reagieren unterschiedlich auf Terror und Gewalt. Manche von uns sind verzweifelt, manche können die Bilder im Fernsehen innerlich auf Abstand halten. Andere brauchen Gespräche und vielleicht auch eine Weile Abstand von Großveranstaltungen. Wie wir reagieren, hat auch mit uns und unserer Geschichte zu tun. Gut ist, wenn wir uns unsere eigenen Ängste bewusst machen und sie reflektieren können.

Die Angst ernst nehmen

Wenn Kinder Angst haben, vor einem großen Hund, vor dem Zahnarzt, vor dem ersten Schultag, haben Erwachsene oft den Impuls zu sagen: »Du brauchst doch keine Angst zu haben.« Sie wollen ihnen die Angst ausreden. Wer hat schon gern Angst? Auch wir Erwachsenen sperren sie lieber einfach aus und merken dann später, dass sie sich durch einen Spalt wieder hinein geschlichen hat. Was wissen wir denn darüber, ob jemand anderes Grund hat, Angst zu haben? Wir wissen nicht, was er zuvor erlebt hat, was er gesehen oder gehört hat und was er damit verbindet. Vielleicht hat das Kind schon mal schlechte Erfahrungen mit großen Hunden gemacht und allen Grund, Respekt davor zu haben. Deshalb

macht es Sinn nachzufragen: »Was macht dir Angst? Woher kommt deine Angst? Kann ich dir helfen, die Angst abzubauen?«
Die Angst ernst zu nehmen nützt. Sie anzugucken, über sie zu sprechen, zu fragen, ob sie im konkreten Fall angemessen ist, ob es »normal« ist, in diesem Fall Angst zu haben. Ob es spezielle Gründe gibt für die Angst. Haben andere auch Angst? Darf man Angst haben? Oder haben Erwachsene Angst vor der Angst, auch vor meiner? Das spüren Kinder und machen sich ihren Reim darauf.

Nicht aufdrängen

Andererseits müssen wir Kindern diese Themen auch nicht aufdrängen. Kinder im Kindergartenalter müssen nicht mit uns die Tagesschau sehen. Sie verstehen die Bilder noch weniger als wir. Und wir müssen sie auch nicht zum Gespräch bitten oder ihnen Vorträge über den IS und die Gewalt halten. Das würde tatsächlich mehr Angst machen als beruhigen.
Auf all die Fragen, die Kinder haben, die die Erwachsenen stellvertretend für sie stellen, gibt es nicht die eine Antwort, sondern viele. Wie wir mit Kindern über schreckliche, bedrohliche Ereignisse sprechen, das hängt von verschiedenen Dingen ab: Es kommt darauf an, wie alt die Kinder sind, wie sehr sie sich damit beschäftigen, was sie mitbekommen, wie die Erwachsenen selbst reagieren usw.
Unsere Herausforderung ist es, sensibel auf die Kinder zu schauen und wahrzunehmen: Was macht den Kindern Sorge? Was bekommen sie mit? Worauf brauchen sie eine Antwort? Und welche Erläuterungen wären zu viel für sie?

Woran man erkennt, ob Kinder sich sorgen

Jedes Kind ist anders und verarbeitet Dinge anders. In der Kita wissen Erzieherinnen oft nicht, was das Kind zu Hause oder auf der Straße mitbekommen hat, was es gehört, gesehen oder erfahren hat. Aber sie können beobachten, ob es anders ist als sonst. Ob es träumt, weint, besonders aggressiv ist. Anders sein als sonst, das kann viele Gründe haben. Manchmal erfahren wir etwas, wenn wir fragen: »Wie geht es dir?«, »Wie kommt es, dass du keinen Hunger hast in letzter Zeit?« Manche Kinder können dann erzählen, was sie beunruhigt. Einen ruhigen Moment zu schaffen und zuzuhören kann dann der Schlüssel sein. Über andere Kinder bekommen wir etwas durch ihr Spiel mit. Spielen sie erschreckende Situationen nach? Oder malen sie schreckliche Bilder? Wieder andere sitzen in der Ecke und träumen sich weg, anders als sonst. Auch darauf können wir sie ansprechen. Ruhig und ohne Vorwurf.

Was Kinder brauchen, um mit der Angst umzugehen

Wenn Kinder mitbekommen, dass etwas Schlimmes passiert ist, wenn sie etwas gehört oder gesehen haben, brauchen sie unseren Halt, um darüber zu sprechen, um ihre Gefühle zu äußern, um zu sehen, dass sie mit ihren Gefühlen nicht allein sind, und um ihre Sorgen auf mehrere Schultern zu verteilen. Das können kurze Gespräche sein oder etwas längere. Gespräche ergeben sich mit Kindern oft eher nebenbei oder im Spiel. Dazu brauchen wir Zeit und Ruhe. Vielleicht malen die Kinder auch gern und wir malen mit ihnen zusammen. Auch die Angst kann man malen, manchmal besser als über sie zu sprechen. Aber über ein Bild lässt sich sprechen. Und so kann die Angst von außen betrachtet werden. Auch das beruhigt. Vielleicht kann man dann später ein Bild malen, auf dem die Angst wieder weg ist, auf dem statt der schwarzen Wolke die Sonne wieder zu sehen ist. Auch darüber können wir mit den Kindern sprechen.

Wenn etwas Schlimmes passiert ist, ein Anschlag, ein Amoklauf, dann fragen sich viele Erwachsene und Kinder: »Bin ich noch sicher? Kann ich noch auf die Straße gehen? Sollen wir überhaupt noch auf den Weihnachtsmarkt oder auf die Kirmes gehen? Oder wird auch dort so etwas passieren?«

Und darauf sind zwei Reaktionen wichtig: Das eine ist die Bestätigung: »Deine Frage, deine Angst, deine Unsicherheit sind normal. Das was zuvor passiert ist, macht Angst. Wir können darüber sprechen.« Das andere ist das Mut-Machen: Den Kindern zeigen und versichern, dass sie sicher sind, dass sie rausgehen können, dass so etwas sehr selten passiert. Das erleben sie, indem sie erneut die Erfahrung machen, dass ihnen nichts passiert.

Wir können die Kinder darin bestärken, rauszugehen und zu erfahren, dass sie sicher an ihrem Zielort ankommen. Wir können mit ihnen besprechen, dass sie, wenn sie unsicher sind oder sich Sorgen machen, sich bei uns rückversichern können, indem sie uns fragen. Wir begleiten sie und sehen gemeinsam: Es ist alles o. k.

Kinder brauchen Halt und Wissen und die Möglichkeit, sich rückzuversichern. Manchmal brauchen sie jemanden, der ihnen zuhört, ohne zu bewerten, ohne ihre Gedanken lächerlich zu machen oder wegzuwischen. Jemanden, der bereit ist zuzuhören, Gedanken auszutauschen und ihnen Sicherheit zu geben.

»Die Menschen sind böse«

Dass es »böse« Menschen gibt, schreckliche Dinge auf der Welt passieren, ist eine Tatsache, die wir unseren Kindern nicht auf Dauer verheimlichen können. Es wäre auch nicht hilfreich. Angst ist unsere Alarmanlage für Gefahren. Wenn Gefahr droht, ist sie sogar notwendig. Sonst würden wir in Gefahren hineinstolpern und uns nicht schützen. Wenn wir keine Angst kennen würden, würden wir uns viel mehr Verletzungen zuziehen, mehr Unfälle bauen und häufiger Leib und Leben riskieren. Entscheidend ist nicht, ob wir Angst haben, sondern das Maß der Angst und ob sie der Situation angemessen ist? Und wie kann ich meine Angst steuern, damit sie mich nicht überrollt? Wie können wir mit Kindern über ängstigende Situationen sprechen, ohne deren Angst zu schüren?

»Mit Blumen bekämpft man die Pistolen« – Ein Gespräch zwischen Vater und Sohn

Ein eindrucksvolles Interview wurde von einem Journalisten der französischen Nachrichtensendung »Le Petit Journal« nach dem Anschlag auf die Diskothek »Bataclan« und die Cafés in Paris geführt (siehe »Tipps im Netz« auf S. 47). Hier legt ein Vater mit seinem kleinen Sohn Blumen in der Nähe eines der Anschlagsorte nieder. Der Journalist interviewt den Jungen, der auf dem Arm des Vaters ist. Er fragt ihn: »Weißt du, was hier passiert? Verstehst du, warum diese Menschen das getan haben?«

Der Junge antwortet darauf: »Ja, weil sie sehr, sehr, sehr böse sind. Böse Menschen sind nicht sehr freundlich, die Bösen. Und wir müssen wirklich gut aufpassen, weil wir jetzt umziehen müssen.« Darauf beruhigt der Vater seinen Sohn: »Nein, nein, keine Angst. Wir müssen nicht umziehen. Frankreich ist unser Zuhause.« Aber damit gibt sich der Junge nicht zufrieden und er entgegnet seinem Vater: »Aber es gibt böse Leute, Papa.«

Wenn Kinder Angst haben, ist oft der erste Impuls der Erwachsenen, die Ängste der Kinder wegzuwischen. Das hilft den meisten Kindern nicht, weil sie ja ihr Gefühl weiterhin verspüren. Der Vater hier macht etwas anderes. Er wischt die Sorge seines Sohnes nicht beiseite. Stattdessen bestätigt er ihn und sagt ihm gleichzeitig, dass die Existenz »böser Leute« eine Realität ist, vor der man nicht »umziehen« kann: »Ja, aber es gibt überall böse Menschen«, entgegnet er seinem Sohn. Der Junge bringt ein weiteres starkes Argument dafür, dass die Angst vor der Gefahr berechtigt ist: »Sie haben Pistolen. Sie können uns erschießen, weil sie sehr, sehr böse sind, Papa.« Der Vater verleugnet diese Sorge ebenfalls nicht. Aber er setzt ihr etwas entgegen: »Das stimmt, sie haben vielleicht Pistolen«, sagt er, »aber wir haben Blumen.« Auch das beruhigt den Jungen erst mal gar nicht: »Aber Blumen helfen doch gar nichts. Sie sind nur für, für …« Er stockt, es fällt ihm kein passendes Wort für den Nutzen von Blumen ein. Er kann sich einfach nicht vorstellen, dass sie gegen Pistolen etwas ausrichten können. Der Vater bleibt weiter ruhig und erklärt: »Aber natürlich helfen sie etwas. Schau, jeder legt Blumen hin. Mit den Blumen bekämpft man die Pistolen.«

»Mit den Blumen bekämpft man die Pistolen« – diese Aussage des Vaters gibt dem Jungen dann zu denken: »Sie beschützen uns?«, fragt er. »Genau«, antwortet der Vater. Und der Junge schaut auf die vielen Blumen und auch auf die Kerzen, die die Menschen dort angezündet haben und fragt: »Und die Kerzen auch?« Der Vater erläutert den Sinn der Kerzen: »Die Kerzen erinnern uns an die Menschen, die gestern gestorben sind.« Das leuchtet dem Jungen schon eher ein, es scheint tröstend. Um sich noch einmal abzusichern, fragt er den Journalisten: »Die sind um uns zu beschützen, die Blumen und die Kerzen?« »Ja«, antwortet dieser und er fragt ihn: »Fühlst du dich besser?« Der Junge ist beruhigt: »Ja, jetzt geht es besser.«

Das Überzeugende an diesem Gespräch ist die Art, wie es geführt wird. Ein ruhiger, zugewandter Vater, der seinen Sohn hält und geduldig auf seine Worte und seine Ängste eingeht. Er kann zulassen, dass der Junge sagt, die Menschen haben Pistolen und die sind böse, und er kann ihm auch die Realität erklären (»Es gibt überall böse Menschen«), ohne ihn zu ängstigen. Er findet die Lösung, den Trost in der schönen Metapher, die der Junge selbst gerade erlebt: »Die Blumen und die Kerzen beschützen uns.« Mit anderen Worten: Wir können etwas tun, um zu trauern, um Trost zu finden und um stark zu sein. Der Vater vermittelt seinem Sohn Sicherheit und Stärke durch seine körperliche Präsenz, seine Ruhe und Unaufgeregtheit, und indem er sich einfühlt in die Gedanken- und Gefühlswelt seines Kindes. Die beiden haben eine gute, vertrauensvolle Beziehung. Das stärkt.

Die Bedeutung für die kindliche Entwicklung

Warum es gut ist, auf das Thema einzugehen

Wie oft denken wir: »Besser nichts sagen«. Und für die Formel »besser nichts sagen« haben wir die tollsten Argumente: »Das beunruhigt den anderen nur unnötig«, »Das versteht der andere nicht«, »Man muss ja nicht über was reden, was noch gar nicht eingetreten ist«, »Warten wir mal ab, wie es sich entwickelt«, »Wenn ich darüber rede, gibt es nur Unruhe, Streit, Disharmonie« und im Nachsatz »Ich habe am liebsten keinen Ärger, ich möchte niemanden beunruhigen«. Das alles oder ein Teil davon stimmt auch – manchmal. Sprichworte wie »Reden ist Silber, Schweigen ist Gold« bestärken uns, die »Klappe« zu halten. Aber manchmal stimmt es auch nicht. Nicht-Gesagtes kann auch für Missverständnisse sorgen, zu Streit führen, Angst machen.

Kinder machen sich ihre eigenen Gedanken

Wenn wir keine Antworten bekommen, machen wir uns unsere eigenen Gedanken. Wir spekulieren, vermuten, entwickeln Vorurteile und bauen daraus unsere eigene Vorstellungswelt. Und diese bestimmt unser Denken und Handeln. Wie wir Dinge interpretieren, entscheidet darüber, wie wir empfinden und wie wir uns verhalten. Dafür ist es nicht ausschlaggebend, wie es für andere erscheint oder ob es vielleicht sogar objektiv messbar ist. Kindern geht es genauso. Sie spüren: Da gibt es ein Thema, das nicht besprochen werden kann, die Erwachsenen gehen über etwas schnell hinweg oder werden ungewöhnlich ausführlich, ihr Gesicht wird rot, sie fangen an zu zittern oder schauen weg. All das nehmen sie wahr, und wenn es nicht offen besprochen werden kann, machen sie sich ihren eigenen Reim darauf.

Eine kleine Notlüge?

Manche Erwachsene haben die Vorstellung, dass sie ihre Kinder schützen können, indem sie sich kleine Notlügen ausdenken: »Das kann in unserer Stadt nie passieren« oder »Ich habe keine Angst.« Notlügen helfen – allerdings nur für den Moment. Die Fragen werden wiederkommen. Kinder nehmen etwas anderes wahr oder erfahren etwas anderes, sie sind verunsichert, etwas stimmt nicht. Und das Blöde daran ist, sie vertrauen uns immer weniger: »Papa sagt das ja nur so«, »Ich habe doch selbst gespürt, dass er Angst hat.« Ihre Wahrnehmung stimmt nicht mit dem überein, was sie gehört haben. Wem sollen sie trauen? Den Eltern oder ihrem eigenen Gefühl? Dieser Zwiespalt macht unsicher den Aussagen der Erwachsenen und sich selbst gegenüber. Hilfreicher ist es, Kindern dabei zu helfen, ihrem Gefühl zu trauen: »Ja, es stimmt, du hast richtig gespürt, ich habe auch manchmal Angst.« Und: »Wir können darüber reden.« Eine solche Reaktion stärkt die Kinder, es stärkt ihr Gefühl zu sich selbst, ihre Selbstsicherheit. Sie spüren: »Mein Gefühl ist richtig. Ich kann mich darauf verlassen.«

Sich verstanden fühlen hilft … und Offenheit auch

Wenn wir über Dinge, die uns Angst machen, sprechen, wenn Ungesagtes und Unklares durch Worte Gestalt annimmt, dann verliert es manchmal seinen Schrecken. Der komische »Gefühlsnebel« kann symbolisiert werden. Die Worte schaffen Abstand und Klarheit. In Worte gefasst können wir die Gefühle sozusagen von außen anschauen und darüber sprechen. Wir können unsere Gedanken und Gefühle auf mehrere Schultern verteilen. Natürlich gibt es Dinge, über die wir nicht mit den Kindern sprechen möchten. Aber das müssen wir nicht verbergen. Ein Satz wie »Ich möchte darüber nicht sprechen« ist oft hilfreicher als Ausflüchte und Ausreden oder wegzugehen. So lernt das Kind, dass der andere ehrlich ist und es auch Privatsachen geben darf.

Ganz praktisch

Wie es zu einem Gespräch kommen kann und wie es dann weitergeht

Gesprächsanlässe mit Kindern gibt es viele. Meist ergeben sich Gespräche spontan. Es passiert etwas und wir greifen es auf. Kinder beschäftigt etwas und sie fragen. Sie bekommen etwas mit und verhalten sich anders als sonst. Oder eben: Sie spielen ein neues Spiel wie im folgenden erdachten Fallbeispiel.

»Mama, du bist tot«

Der fünfjährige David spielt.
David: »Peng! Peng! Peng, Peng, Peng. – Mama, du bist tot.«
Mutter: »Warum soll ich tot sein?«
David: »Ich bin böse. Und ich muss alle erschießen … Alle müssen erschossen werden.«
Mutter: »Warum bist du böse?«
David: »Weil, weil … Du musst umfallen. Ich bin ein Terrorist.«
Mutter: »O.k., ich bin tot … Wieso müssen alle erschossen werden?«
David: »Dann ist das Böse weg. Das Böse muss weg. Peng. Peng.«
Mutter: »Wie lange bin ich tot?«
David: »Nicht bewegen. Du bist tot.«
Mutter: »Aber das Böse geht doch nicht weg, wenn du mich erschießt. Wenn ich tot bin, kann ich heute Abend keine Geschichte vorlesen.«
David: »Mama, du bist doch nur aus Spiel tot. Du kannst ja danach wieder aufstehen. Dann bist du heute Abend nicht mehr tot.«

Was im Spiel passiert

»Wie sollen wir reagieren, wenn Kinder Witze über Attentate machen oder sie wie ein Abenteuer nachspielen, nach dem Motto ›Boah, das hat ja fett geknallt‹?« Diese Frage einer Journalistin bewegt manche Eltern und Erzieherinnen. Der erste Impuls auf einen solchen Satz ist oft Empörung: »Wie kannst du das ins Lächerliche ziehen? Da sind viele Menschen ums Leben gekommen. Das ist alles andere als zum Lachen«, »Mit dem Töten spielt man nicht.« Es hagelt Vorwürfe und die selbst gebauten Pistolen und Gewehre werden einkassiert.
So sieht es aus Erwachsenensicht aus – oberflächlich betrachtet. Aber was steckt eigentlich dahinter, wenn Kinder Totschießen spielen und manchmal auch geliebte Personen als Opfer mitspielen sollen?

Identifikation mit dem Angreifer

Die Kinderanalytikerin Anna Freud, Tochter von Sigmund Freud, hat in ihrem Buch »Das Ich und die Abwehrmechanismen« (siehe Literaturtipp auf S. 47) eindrücklich beschrieben, was sich seelisch abspielt, wenn Kinder die Rolle von bösen Menschen, Geistern oder Tieren spielen.
Aus psychoanalytischer Sicht ist das ein kindlicher Abwehrmechanismus, den sie »die Identifikation mit dem Angreifer« nennt. Das Böse wird nicht weiter gefürchtet, sondern im Gegenteil, man identifiziert sich mit ihm, d. h. man wird selbst zu dem gefürchteten Bösen – ein Versuch, die eigene Angst davor zu bannen.

Anna Freud erzählt die Geschichte von einem kleinen Mädchen, das sich nicht traut, durch das Vorzimmer der Wohnung zu gehen. In der Dunkelheit hat sie Angst vor Gespenstern. Sie überwindet ihre Angst, indem sie mit allen möglichen sonderbaren Bewegungen den Raum durchquert. Ihrem Bruder erzählt sie den geheimen Trick, mit dem sie es geschafft hat, ihre Angst zu bewältigen. Sie sagt, dass er sich nicht zu fürchten brauche, er müsse nur spielen, dass er selbst der Geist ist, der ihm begegnen könnte. Die »magischen« Bewegungen, die sie beim Durchqueren des Zimmers macht, sind die von ihr vermuteten Gebärden, die die Geister wohl machen würden.

Indem das Mädchen den Angreifer selbst darstellt und seine Verhaltensweisen, Gebärden und Aggressionen übernimmt, verwandelt sie sich gleichzeitig von der bedrohten Person in die Person, die selbst bedroht. In ihrer Vorstellung ändert sie ihre Rolle von der passiven Betrachterin der Gespenster zur aktiven eines Gespenstes. Sie stellt selbst ihre eigenen Befürchtungen und Ängste dar. So wird sie zur Handelnden und macht sich auf diese Weise auch zur »Herrin« über ihre Angst und »bearbeitet« sie damit.

David verlagert die bedrohliche Situation erst mal in sein Spielzimmer, einen Raum, in dem er der »Chef« ist. Dort versucht er, sie handhabbar zu machen. Er verkehrt die Angst machende Situation, indem er selbst bedroht, anstatt bedroht zu werden. So verkehrt er sein Gefühl, ausgeliefert zu sein, in aktives Handeln. Er identifiziert sich selbst mit dem bedrohlichen Bösen: »Ich bin ein

Terrorist.« So kann ihm niemand etwas anhaben. Er hat die Sache im Griff. Er entscheidet über Leben und Tod.

Dies ist eine Form der Angstbewältigung, die selbstverständlich nicht eins zu eins in die reale Welt übertragbar ist. David sagt es am Schluss sogar selbst. Er weiß, dass es ein Spiel ist. Seine Mutter spielt es teilweise mit (»O. k., ich bin tot«) und holt ihn durch ihren Einwand (»Wenn ich tot bin, kann ich heute Abend keine Geschichte vorlesen«) in die Realität zurück.

Mama, hast du auch Angst?

▶ *David: »Mama, hast du Angst?«*
Mutter: »Ja, manchmal schon.«
David: »Wann denn?«
Mutter: »Z. B. wenn in unserer Straße die Autos so schnell fahren und Kinder dort spielen, dann habe ich manchmal Angst, dass ein Kind überfahren wird.«
David: »Ist das schon mal passiert?«
Mutter: »Nein, hier zum Glück noch nicht.«
David: »Warum hast du dann Angst davor?«
Mutter: »Weil ich schon häufiger davon gelesen oder gehört habe und weil die Autos hier manchmal ganz schön schnell fahren und die Fahrer dann nicht daran denken, dass hier Kinder spielen, die vielleicht mal auf die Straße laufen könnten.«
David: »Mama. Ich hab auch manchmal Angst.«
Mutter: »Wovor hast du Angst?«
David: »Vor den Terroristen. Dass sie kommen und uns auch totschießen … Kann das passieren?«
Mutter: »Ja und nein. Aber sehr viel eher nein.«

David: »Wie viel eher nein?«
Mutter: »Also sagen wir mal so: Es passiert häufiger, dass ein Mensch vom Blitz getroffen wird oder an einer Pilzvergiftung stirbt als dass ein Mensch von einem Terroristen erschossen wird.«
David: »Kennst du jemanden, der einen giftigen Pilz gegessen hat und daran gestorben ist?
Mutter: »Nein, ich kenne niemanden.«
David: »Ich auch nicht. Und kennst du jemanden, der vom Blitz getroffen wurde?«
Mutter: »Nein, da kenne ich auch niemanden.«
David: »Und wenn wir einkaufen gehen oder ins Schwimmbad fahren oder in die Schule, können wir da erschossen werden?«
Mutter: »Rein theoretisch, also wenn man es sich nur im Kopf ausmalt, dann kann es passieren, aber es ist sehr unwahrscheinlich. Es passiert sehr selten.«
David: »Aber es ist doch schon öfter vorgekommen … Gibt es eigentlich viele Terroristen, die sowas machen?«
Mutter: »Nein, das sind nicht viele. Aber ein Anschlag ist so gewaltig. Wenn man die Bilder im Fernsehen sieht und viel darüber geredet wird, dann hat man das Gefühl, dass es ganz nah ist. Man stellt sich alles Mögliche im Kopf vor. Das überrollt einen richtig und dann ist das Gefühl überall. Das macht Angst. Und man denkt, das sind viele und das könnte auch hier passieren.« ◀

Was ist gefühlt? Was ist wirklich?

In diesem Beispiel redet die Mutter die Angst nicht weg, sondern gibt ihr einen Platz: »Das passiert, aber es passiert sehr selten«. Gleichzeitig bringt sie Realität hinein. Sie findet einen Vergleich, den David sich besser vorstellen kann, der konkreter ist: eine Pilzvergiftung oder ein Blitzschlag.

Terroranschläge verändern die Wahrnehmung

Risikoforscher wie Prof. Dr. Ortwin Renn sind der Meinung, dass schon die Terroranschläge vom 11. September in New York die öffentliche Wahrnehmung verändert haben (vgl. Renn, Das Risikoparadox, 2014). Das starke Amerika und der Rest der Welt habe erlebt, wie verwundbar es ist. Jedes neue Ereignis gebe dieser Erfahrung wieder neue Nahrung. Durch die Medien hätten wir sehr direkt daran teil, und je häufiger wir diese Bedrohung sähen und auf den Bildschirmen miterlebten, desto eher sei sie auch real für uns. Je weniger Erfahrungen wir mit diesem Risiko hätten, desto mehr malten wir uns aus. Die Fantasie werde angeregt. Wie wir uns konkret verhalten, sei allerdings meist eher von einer angemessenen Einschätzung des Risikos geprägt. Ganz unbewusst sei den Menschen klar, dass die Wahrscheinlichkeit, selbst von einem Terroranschlag betroffen zu sein, sehr gering ist. Je zufälliger die Opfer seien, desto größer sei nachher die Angst. Allerdings wirke das Bewusstsein dafür, dass der Terror überall lauern kann, weil er eben so unberechenbar sei. Wir werden uns immer mehr darüber klar, dass es diese unberechenbare Bedrohung gibt, und wir lernen mit diesem Gefühl zu leben. Nach einem solchen Ereignis seien wir erst mal geschockt, dann komme die Angst und dann folge irgendwann die Frage, ob wir unsere Gewohnheiten verändern. In der Vergangenheit sei es so gewesen, dass die meisten Menschen nach dem Schock sehr schnell wieder ihre vorherigen, normalen Gewohnheiten aufgenommen hätten. D. h. man könne mit der Angst umgehen. Viele Menschen hätten

z. B. Angst davor zu fliegen und sie tun es dennoch. Ähnlich sei der Umgang mit der Terrorgefahr. Menschen hätten gesehen, dass auf einem Weihnachtsmarkt ein Terroranschlag passiert ist. Sie meiden zunächst Weihnachtsmärkte. Nach einer Zeit rücke die aktuelle Angst in den Hintergrund und sie gingen wieder hin. Allerdings hätten sie andere Bilder im Kopf und guckten vielleicht auch häufiger nach rechts und links und danach, ob irgendwo Sicherheitspoller oder Sicherheitsbeamte postiert seien.

Warum haben Menschen mehr Angst, Opfer eines Terroranschlags zu werden als an einem giftigen Pilz zu sterben?

Das, so meint der Terrorforscher, habe zwei Gründe: Einerseits liege es daran, dass wir uns vorstellen können, selbst Opfer eines Terroranschlags zu werden. Wir haben im Fernsehen schon häufiger Opfer von Terroranschlägen gesehen als Opfer von Pilzvergiftungen. Andererseits mache es Angst, dass man bei einem Terroranschlag nichts beeinflussen könne. Alle Faktoren, wie Ort, Zeit, Stärke, sind willkürlich und unerwartet. Bei einem Pilz habe man das Gefühl: Ich sammle Pilze, esse sie, wenn da einer nicht gut ist, bin ich selbst schuld, ich habe also Einwirkung auf das, was geschieht.

Es ist absolut nachvollziehbar, dass ein Anschlag, der gerade stattgefunden hat, von dem Bilder in allen Medien gezeigt werden, unser Gefühl, bedroht zu sein, erhöht. Diese Erfahrung machen wir alle.

Natürlich geht es auch Kindern so, dass die Berichte von Terroranschlägen die Angst, dass so etwas tatsächlich auch in ihrer Nähe passieren kann, erhöhen.

▶ *David: »Mama, wenn ich Angst habe, was soll ich dann machen?*
Mutter: »Du machst es genau richtig. Du bleibst nicht allein mit deiner Angst, sondern du sprichst mit mir darüber. Es ist wichtig zu wissen, dass man Angst haben darf und dass es ganz normal ist, dass Menschen Angst bekommen, wenn sie schreckliche Sachen hören und im Fernsehen sehen. Oder?«
David: »Ja, schon, aber ich will ja keine Angst haben.«
Mutter: »Vielleicht kannst du die Angst als Signal nehmen, dass dir anzeigt, dass du dich sorgst und dass du darüber reden möchtest und dass du wieder sicherer werden möchtest.«
David: »Ja, das möchte ich. Aber wie?«
Mutter: »Wenn man darüber mit jemandem spricht, dem man vertraut und der einen versteht, dann kann man zusammen überlegen: Wie oft passiert es wirklich? Und wie hoch ist die Wahrscheinlichkeit, dass ich wirklich bedroht bin? Und dann wird man zusammen darauf kommen, dass Attentäter nicht überall sind und dass die meisten Menschen friedlich sind und niemandem etwas tun wollen.«
David: »Und warum hat man dann Angst?«
Mutter: »Angst ist ein uraltes Gefühl. Es ist sozusagen die Alarmanlage des Menschen. Das bedeutet, dass wenn man in Gefahr ist, dass man sofort reagieren kann und nicht lange nachdenken muss. Also wenn ein Auto auf dich zukommt, dass du nicht lange überlegst, sondern sofort zur Seite springst. Wenn dir ein Löwe begegnet, ist das schon wieder anders. Da darfst du nicht weglaufen, weil klar ist, dass der Löwe schneller ist als du. Du musst dich groß machen und in die Hände klatschen.«
David: »Und wie ist das mit den Terroristen?«

Mutter: »Wenn man häufiger von einem Terroranschlag hört oder etwas im Fernsehen sieht, dann ist es so, dass einem das so nah vorkommt. Man hat das Gefühl, das passiert um die Ecke und es könnte mir auch passieren. Das hat auch damit zu tun, dass man sich das im Kopf vorstellt und da weiter drüber nachdenkt und sich das ausmalt. Dann hat man auch Angst. Je nachdem, wie nah man das empfindet, fühlt man sich selbst bedroht.«
David: »Was machst du, wenn du Angst hast?«
Mutter: »Ich fühle mich erst mal gar nicht gut und werde ganz unruhig. Dann versuche ich darüber nachzudenken, was mir Angst macht, und ich probiere, meine Angst zu teilen. Also ich spreche auch mit anderen Menschen darüber. Mit deinem Vater zum Beispiel oder mit Freunden. Wenn die mir zuhören und mich nicht auslachen und ich merke, dass die mich verstehen, dass es ihnen vielleicht sogar ähnlich geht, das beruhigt mich. Dann geht es mir meist schon etwas besser. Und dann überlegen wir vielleicht, wie groß ist die Gefahr wirklich? Was könnte man dagegen tun? Muss man weglaufen oder könnte man ganz mutig der Angst begegnen?«
David: »Wie soll das gehen? Gehst du dann der Angst entgegen?«
Mutter: »Nehmen wir das Beispiel mit dem Auto. Ich würde zuerst aufpassen, dass die Kinder an einem Ort spielen, wo sie nicht in der Gefahr sind, vor ein Auto zu laufen. Aber vielleicht würde ich auch bei der Stadt anrufen und fragen, ob sie in unserer Straße ein Schild aufhängen können, dass dort Kinder spielen, oder ich würde selbst eines aufhängen.«
David: »Und wenn ich im Bett liege und Angst habe, dass ein Terrorist kommt?«
Mutter: »Dann sagst du mir Bescheid. Ich werde dir sagen, dass in unser Haus kein Terrorist kommen kann. Das interessiert die Terroristen nicht.«

David: »Ich hab' das auch schon meinem Teddy erzählt.«
Mutter: »Das ist auch eine gute Idee. Hat dich das beruhigt?«
David: »Ja, er hat gesagt, er beschützt mich.«

Angst ist normal

Wir müssen nicht die Angst weg reden, auch nicht unsere eigene. Im Gegenteil. Es beruhigt Kinder zu erfahren, dass das eigene Gefühl nicht unnormal ist, sondern dass das alle kennen. Dass es sozusagen ein Gefühl an der richtigen Stelle ist. Wenn man von schrecklichen Dingen hört oder etwas darüber liest, wenn sie so groß berichtet werden, wenn wir vielleicht sogar jemanden kennen, der zur Zeit eines Anschlags in derselben Stadt war, dann verändert das die Gefühlslage. Und das kann Angst machen. Das ist normal. Angst ist nicht per se schlecht, im Gegenteil, sie ist ein sinnvoller Mechanismus, der uns anzeigt, dass Gefahr droht. David erfährt von seiner Mutter: Man kann darüber reden. Auch Erwachsene haben Angst. Und man kann etwas tun, wenn man Angst hat.

Wenn die Angst zu groß wird

Wie wir selbst mit bedrohlichen Situationen umgehen, wie groß unsere Angst ist, hängt auch damit zusammen, was wir in unserer Kindheit erlebt haben. Angst kann tiefsitzende alte Trennungs- und Verlassensängste aufwühlen.

Manche Menschen haben große Angst, weil sie früher schlimme Erfahrungen gemacht haben, mit denen sie nicht fertig geworden sind. Diese alten Ängste können ausgelöst werden, wenn man etwas über bedrohliche Situationen erfährt, auch wenn man selbst nicht gefährdet ist.

Dann kann es passieren, dass die Angst übermächtig wird, obwohl es keine reale Bedrohung gibt. Menschen, die das erleben, hilft es, sich professionelle Hilfe zu holen und ihre alten Ängste zu bearbeiten, um nicht immer wieder von ihnen unvorbereitet überrollt zu werden und in Panik zu geraten. Das ist bei Kindern auch so.

Was ist ein Terrorist?

Für Kinder ist ein Terrorist erst mal ein Mensch, der andere totschießt. Das haben sie so mitbekommen und das spielen manche von ihnen auch schon mal nach. Schaut man sich die Wortbedeutung an, erfährt man: Das Wort Terror bedeutet Furcht und Schrecken. Es hat seinen Ursprung in dem lateinischen Wort »terrere«, was bedeutet: »andere zum Zittern bringen.«

Aber verwendet wird das Wort auch in anderen Zusammenhängen. Erwachsene sagen manchmal über Kinder »Der terrorisiert mich«, wenn Kinder immer wieder rebellieren und sich gegen Regeln wehren oder wenn sie sich zurückgesetzt fühlen und durch permanentes Schreien auf sich aufmerksam machen wollen oder indem sie immer wieder die gleichen Fragen stellen. Aber das hat nichts mit der eigentlichen Bedeutung des Wortes zu tun. Im Sprachgebrauch gibt es auch das Wort Psychoterror. Wenn man zum Beispiel über einen längeren Zeitraum einem großen Lärm ausgesetzt ist, empfinden manche das als Terror.

Terroristen im eigentlichen Sinne haben zum Ziel, bei anderen Menschen Furcht und Schrecken zu verbreiten, und zwar mit

Gewalt. Sie wollen ihre Ziele durchsetzen, indem sie Anschläge verüben.

David: »Mama, was ist ein Terrorist?«
Mutter: »Terroristen sind Menschen, die anderen Angst machen und sie ganz tief erschrecken. Sie wollen sie total einschüchtern und zum Zittern bringen.«
David: »Zum Zittern bringen? Wie meinst du das?«
Mutter: »Sie wollen, dass sie total unsicher werden. Dass sie sich nirgendwo mehr richtig sicher fühlen. Deshalb verhalten die Terroristen sich extra unberechenbar. Man kann es nicht vorhersagen, wann sie einen Anschlag planen und wo sie ihre Tat ausführen wollen. Sie suchen sich Ziele aus, die willkürlich sind. Also so, dass es jeden treffen kann. Es gab schon mal einen Anschlag auf ein Fußballstadion oder Konzerte, aber auch auf ganz normale Cafés. Und das verunsichert die Menschen total. Sie können sich an nichts orientieren und haben keinen Anhaltspunkt, weil es eben keine besonderen Ziele sind.«
David: »Aber was soll das? Warum verhalten sie sich so?«
Mutter: »Sie wollen, dass die Menschen verunsichert sind. Sie sollen sich dauernd irgendwie bedroht fühlen. Und das macht auch die Angst. Die Angst, die die Menschen bekommen, macht sie misstrauisch. Die Terroristen wollen, dass die Menschen sich gegenseitig nicht mehr trauen. Dass sie voneinander denken, der andere könnte ein Feind sein. Und das schaffen sie vor allem unter den Menschen der unterschiedlichen Religionen. Die Terroristen, die die Anschläge in der letzten Zeit gemacht haben, berufen sich auf die Terrororganisation Islamischer Staat. Die Menschen, die zu dieser Organisation gehören, wollen einen eigenen streng muslimischen Staat errichten. Sie sagen, dass sie Muslime sind und im Namen Allahs des Propheten, also des Gottes der Muslime, handeln. Das ist aber gelogen. Weil kein Gott

verlangt, dass Menschen andere zu ihrem Glauben mit Gewalt zwingen sollen. Dazu kommt, dass manche Menschen denken, sie müssten jetzt allen Muslimen misstrauen, was natürlich Quatsch ist. Aber das macht die Unsicherheit. Und genau das wollen die Terroristen. Sie hoffen, wenn die Menschen sich untereinander nicht mehr trauen, dann werden sie unsicher und streiten sich untereinander. Und sie denken, dass manche dann zum Islamischen Staat überwechseln und mit ihnen zusammen kämpfen.«
David: »Ja und dann?«
Mutter: »Das Ziel der Terroristen ist, dass die Menschen das tun, was sie, die Terroristen, für richtig halten. Und das wollen sie mit aller Gewalt durchsetzen.«
David: »Was halten denn die Terroristen für richtig?«
Mutter: »Die Terroristen, die den Anschlag gemacht haben, wollen nicht, dass Menschen so frei leben, wie wir das tun. Sie sollen nicht auf der Straße feiern oder tanzen oder Musik hören zum Beispiel.«
David: »Was sollen sie denn machen?«
Mutter: »Sie sollen oft beten und die Frauen sollen einen Schleier oder ein Kopftuch tragen.«
David: »Und wenn sie das nicht machen?«
Mutter: »Dann werden sie eben terrorisiert. Es werden an ganz normalen Orten Bomben gelegt und die Terroristen sprengen sich selbst in die Luft, um andere mit in den Tod zu ziehen.«
David: »Aber die Mutter von Mohammed im Kindergarten, die trägt auch ein Kopftuch, und die Schwester auch.«
Mutter: »Ja, das ist es. Die meisten Menschen, die das tun, die Muslime sind und beten, sind eben keine Terroristen und sind schon gar nicht gewalttätig. Sie wollen in Frieden ihren Glauben leben.«
David: »Und haben die was mit den Terroristen zu tun?«

Mutter: »Nein. Aber manche Menschen denken das, weil die Terroristen sagen, dass sie ihre Taten im Namen Allahs machen. Das ist ja das Gemeine. Das stimmt nicht. In keinem Buch steht, dass Allah den Terror möchte. Das haben sie sich selbst so zurechtgelegt. Letztlich benutzen sie die Religion, um Macht und Gewalt auszuüben, und schaden damit auch den Menschen, die an den Islam glauben und friedlich zusammenleben wollen.«

Kinder können gut unterscheiden

»Kleine Kinder verstehen das noch nicht.« Das könnte man meinen, wenn man den Dialog zwischen David und seiner Mutter über den IS liest. Das stimmt. Es könnte tatsächlich zu kompliziert für Kitakinder sein. Aber kleine Kinder können gut unterscheiden. Manchmal neigt man dazu, Dinge zu vereinfachen. Schwarz oder Weiß lassen sich schneller und leichter erklären als die ganze Farbpalette. Und es macht es einem selbst leichter, Dinge zu sortieren. Aber die Welt ist nicht schwarz oder weiß. Sie ist bunt. Und das können Kinder verstehen und auseinander halten. Sie verstehen zum Beispiel sehr gut, dass nicht alle Frauen mit Kopftüchern und alle Männer mit Bart Terroristen sind.

Was Gewalt bewirkt

Was wir Kindern beibringen wenn sie etwas erreichen wollen oder sich gegen etwas wehren möchten, ist, es mit Worten zu tun, und zwar respektvoll. Sie sollen dabei den anderen achten und ihn weder mit Worten noch mit Taten verletzen. Dazu gehört z. B., dass sie andere auch respektieren, wenn sie ihren Willen nicht erreichen, wenn es nicht geht, was sie vorhaben, weil dadurch andere beeinträchtigt werden. Das sind schöne Ideen des Zusammenlebens, die gelernt werden sollen und die natürlich auch für den Umgang der Erwachsenen miteinander und mit den Kindern gelten. Diese Ideen gehören zu der Grundlage unserer Gesellschaft. Nicht umsonst steht in den Kinderrechten der Vereinten Nationen ebenso wie im Bürgerlichen Gesetzbuch der Bundesrepublik Deutschland: »Kinder haben ein Recht auf gewaltfreie Erziehung. Körperliche Bestrafungen, seelische Verletzungen und andere entwürdigende Maßnahmen sind unzulässig« (§ 1631 BGB). Aber es ist nicht so einfach. Wenn man merkt, dass man seinen Willen auf diese Weise nicht durchsetzen kann, dann gibt es andere Möglichkeiten: Man probiert es mit Gewalt. Mit verletzenden Ausdrücken, indem man jemanden mit Worten unter Druck setzt, erpresst oder beleidigt zum Beispiel. Das ist dann psychische Gewalt. Ausgrenzen, Ignorieren, Liebesentzug. Oder indem man körperlich gewalttätig wird. So möchte man anderen seinen Willen aufzwingen.

Oft ist es Hilflosigkeit, die zu Gewalt führt, aber manchmal ist es auch das unbedingte Bedürfnis, sich durchzusetzen, Macht auszuüben, stärker zu sein als der andere, sich über ihn zu erheben. Das passiert unter Kindern, unter Jugendlichen, unter Erwachsenen. Kinder fangen an zu schreien, sie treten, sie schlagen, sie beißen. Jugendliche hauen härter zu, sie mobben, triezen, erniedrigen. Erwachsene können das auch. Jeder kennt das Gefühl wütend zu werden, wenn er seinen Willen nicht bekommt, und hat schon mal die Wut anderer gespürt und Angst bekommen.

Gewalt zu erleben, kann ohnmächtig machen. Gewalt zu erfahren, mitzubekommen, dass es Menschen gibt, die sich entschieden haben, ihren Willen grundsätzlich mit Gewalt ohne Rücksicht auf das Leben anderer durchzusetzen, macht hilflos und sprachlos – Erwachsene und Kinder. Je nach Ausmaß der Gewalt macht sie vor allem große Angst. Manche Menschen werden ihrerseits total wütend und aggressiv, beginnen selbst gewalttätig zu werden und agieren ihre Angst aus. Andere reagieren genau umgekehrt. Sie werden still und stiller, deprimiert, traurig, ziehen sich innerlich in sich selbst zurück.

»Warum machen Menschen das?«

David: »Wie sieht eigentlich ein Terrorist aus?«
Mutter: »Das kann man nicht so einfach sagen. Wenn man das genau wüsste, dann würde die Polizei die Terroristen ja direkt verhaften können. Auf den Bildern, die man manchmal sieht, haben viele Bärte oder tragen Stiefel und so eine Art Soldatenkleidung in Beige, Grün, Braun oder Schwarz. Aber das tragen andere Menschen auch. Wie viele kennst du, die einen Bart haben?
David: »Papa hat einen Bart.«
Mutter: »Ja, zum Beispiel. Viele Männer tragen einen Bart, weil sie es schön finden.«
David: »Und du trägst manchmal Stiefel.«
Mutter: »Ja genau. Und viele Musliminnen tragen Kopftücher. Deshalb haben sie nichts mit den Terroristen zu tun.«

David: »Haben eigentlich Terroristen keine Angst?«
Mutter: »Ich bin sicher, dass Terroristen ganz viel Angst haben.«

David: »Aber wo ist denn ihre Angst, wenn sie sowas Gefährliches machen?«
Mutter: »Sie schieben ihre Angst weg, sie lenken sich ab und versuchen sich stattdessen andere Gedanken in ihren Kopf zu holen.«
David: »Wie geht das?«
Mutter: »Die Chefs von Terrororganisationen erzählen ihnen immer wieder, dass sie etwas Gutes tun, wenn sie Menschen, die anders denken töten. Und sie versprechen ihnen, dass sie, wenn sie das tun, selber ins Paradies kommen.«
David: »Und das glauben die?«
Mutter: »Ja, und sie klammern sich fest an diese Gedanken und holen sie immer wieder ganz nach vorne in ihren Kopf und sorgen dafür, dass diese Gedanken stärker in ihrem Kopf werden als die Angst.«
David: »Funktioniert das denn?«
Mutter: »Ich glaube, das funktioniert nicht ganz. Ich glaube, dass Menschen, die so etwas Schreckliches planen, zum Beispiel auch in den Nächten davor nicht schlafen und ganz viel mit ihrer Angst kämpfen.«
David: »Und warum machen sie dann anderen Menschen Angst, wenn sie doch wissen, wie schlimm die Angst ist?«
Mutter: »Das ist wirklich nicht leicht zu verstehen. Aber es ist so, dass die Menschen, die so einen Anschlag begehen, ihre eigene Angst verdrängen, indem sie anderen Angst machen. So schieben sie die Angst von sich auf andere. Sie tun so, als hätten sie keine Angst, und lenken sich selber von ihrer Angst ab.« ◀

Kinder, die von einem schlimmen Anschlag oder einem Amoklauf erfahren und sich darüber Gedanken machen, wollen vor allem wissen: »Warum machen Menschen das?« Das geht einfach nicht in den Kopf, das ist einfach nicht zu verstehen.

Für Kinder ist es mindestens so unverständlich wie für Erwachsene: Warum machen Menschen das? Warum bringen Menschen andere, die sie gar nicht kennen, die ihnen nichts getan haben, die sich nicht wehren können, einfach so um? Und: Warum gehen dieselben jungen Menschen dann freiwillig selbst in den Tod? Das zu erklären, ist wirklich nicht einfach. Wir verstehen es ja auch nicht. Und trotzdem ist es eine wichtige Frage, über die man auch mit Kindern sprechen kann.

Erklärungsversuche für Terror

▶ *David: »Mama, ich kann das immer noch nicht verstehen. Warum machen Menschen das?«*
Mutter: »Was meinst du?«
David: »Warum erschießen Menschen andere?«
Mutter: »Es gibt Menschen, die sind nicht mit Liebe groß geworden. Die haben es nicht gelernt, andere Menschen zu lieben.«
David: »Was haben die denn gelernt?«
Mutter: »Die haben gelernt, dass man Menschen, die anders denken oder die etwas tun, was einem nicht gefällt, mit Gewalt begegnen muss.«
David: »Stimmt das?«
Mutter: »Nein, das stimmt nicht. Das haben sie ja eigentlich selber erfahren. Aber es ist viel schwieriger nachzuempfinden, wie es anderen Menschen geht, wenn man selbst als Kind von anderen schlecht behandelt wurde und die Menschen um einen herum wenig Mitgefühl für einen hatten. Dann weiß man oft von sich selbst gar nicht, dass man ein liebenswerter Mensch ist, weil man es nicht erfahren hat. Das bedeutet, dass man sich selbst auch gar nicht richtig mag.«

David: »Hatten die denn niemanden, der sie gern hatte?«
Mutter: »Vielleicht hatten sie jemanden, aber das Erlebnis abgelehnt zu werden oder nicht gemocht zu werden, war stärker.«
David: »Was können denn das für Erlebnisse sein?«
Mutter: »Na zum Beispiel, dass sich einer der Eltern gar nicht für einen interessiert oder dass man von ihnen oft herabgewürdigt oder geschlagen oder in anderer Weise schlecht behandelt wird.«
David: »Aber Eltern lieben einen doch.«
Mutter: »Ja, das ist meistens so. Aber manche Eltern können keine Liebe geben, weil sie sich selbst so wertlos fühlen. Sie haben vielleicht keine Arbeit und auch sonst nichts, worauf sie selber stolz sind.«
David: »Puh, da würde ich mich auch ganz elend fühlen. Es ist doch auch schrecklich, wenn andere Menschen einen so quälen würden.«
Mutter: »Da hast du recht. Manche erleiden als Kind auch seelische oder körperliche Qualen durch Mitschüler oder Geschwister oder durch andere Verwandte oder Erwachsene.« ◀

Zu verstehen, warum Menschen wahllos andere Menschen umbringen, ist nicht nur für Kinder schwer bis unmöglich. Nach jedem Anschlag suchen Experten, Politiker, Lehrer, Erzieherinnen, Eltern wieder nach Erklärungen. Sie wollen verstehen, was Menschen dazu treibt, so etwas zu tun. Sie suchen Mittel, mit denen sie den Terror wirksam bekämpfen können, fragen, wie man solche Taten im Vorfeld verhindern kann. Warum? Es gibt viele Antworten und viele Ansätze die Gründe zu erklären. Im Folgenden sollen drei vorgestellt werden.

Psychologische Hintergründe

Wie ist die Kindheit eines Menschen verlaufen? Basis für einen guten Verlauf und eine gute Entwicklung ist, dass jemand in einer vertrauensvollen, liebevollen Umgebung aufwächst und relativ angstfrei groß werden kann. Wenn das nicht so ist, wenn jemand in einem negativen Umfeld groß wird, wenn er geschlagen wird, abgelehnt wird, seelische Demütigungen erlebt, Hunger leiden muss oder durch Misshandlungen, Flucht oder Krieg traumatisiert wurde, dann gelingt die positive Ablösung und der Weg in die eigenverantwortliche Selbstständigkeit nicht. Große Ängste und Unsicherheiten bleiben bestehen. Es wird unmöglich, positiv und vertrauensvoll in die Welt zu gehen. Er hat gelernt, dass er nicht liebenswert ist, nicht wertvoll, und er ist sich auch selbst nichts wert. Und er wird auch die Außenwelt nicht als wertvoll wahrnehmen. Er wird in Hass groß, verinnerlicht diesen Hass und will ihn wieder loswerden, indem er ihn nach außen kehrt.

Soziologische Hintergründe

Viele der Terroristen, die die letzten Attentate verübt haben, kommen aus Randgebieten der Städte. Sie leben für sich, fühlen sich von der Gesellschaft nicht angenommen und nicht unterstützt. Sie haben schlechte Chancen sich zu integrieren und kaum Zugang zu Bildung. Sie fühlen sich ausgegrenzt und gekränkt. Jede Art von Kränkung kann den Hass auf die Gesellschaft steigern und mit dazu beitragen, dass dieser Hass ausagiert wird.

Religiöse Hintergründe

Die Attentate, die der IS sich auf die Fahne schreibt, begründet er immer auch religiös. Im Namen Allahs sei die Tat verübt worden. Dadurch fühlen Attentäter sich als zugehörig zu einem viel größeren Ganzen, sie gehorchen sozusagen nur ihrer Vaterfigur, morden im Dienste der großen »Familie IS«. Indem sie es für andere, für die große Sache tun, fühlen sie sich wichtig und groß – ein Gefühl, das sie bisher in ihrem Leben eher nicht kennengelernt haben. Gleichzeitig geben sie durch die Berufung auf etwas Höheres jede Eigenverantwortung ab.

Ein paar Worte zum Schluss

Was bei Angst hilft

Wie können Erzieherinnen und Eltern Kinder begleiten, die Angst haben vor Gewalt und Terror? Klar, dass ein Gespräch mit Kindern über Terror und Gewalt nicht auf Knopfdruck passiert und auch nicht wie im Bilderbuch abläuft. Gespräche entstehen meist aus Situationen heraus. Es gibt einen Anlass, etwas ist passiert, die Erzieherin beobachtet, dass ein Kind sich anders verhält als sonst, Kinder spielen ein merkwürdiges, ein besonderes Spiel, sie sieht ein Bild, dass in ihren Augen etwas Erschreckendes darstellt und greift das auf. Um das in vertrauensvoller Weise zu tun, so, dass das Kind sich aufgehoben fühlt, helfen eine zugewandte Haltung, natürlich auch Zeit, Einfühlungsvermögen und Kreativität. Im Folgenden ein paar Ideen.

Selbstreflexion

Die eigenen Gefühle zum Thema reflektieren, um herauszufinden: Wie stehe ich dazu? Und später auseinanderzuhalten: Was ist meine Angst? Was ist die Angst des Kindes?

Beziehung

Beziehung anbieten. Sich zur Verfügung stellen. Das Wichtigste ist, auch um über sie Erschreckendes sprechen zu können, dass Kinder sich gut aufgehoben fühlen. Dafür brauchen sie Erwachsene, denen sie vertrauen können, auf die sie sich verlassen können, mit denen sie in Kontakt sind.

Aufmerksamkeit

Aufmerksame Erwachsene, die sich Zeit für die Kinder nehmen (können), werden mitbekommen, wenn ein Kind sich sorgt. Sie werden hören, was es sagt, sehen, was es spielt oder malt, es wird sich vielleicht an sie wenden.

Zuhören

Zuhören ist erst mal wichtiger als Reden: Worum geht es? Hat das Kind etwas gesehen, was es beschäftigt, hat es mitbekommen, dass Erwachsene sich ängstigen, hat es Fragen?

Einfühlungsvermögen

Schauen, wo das Kind steht: Möchte es eine Antwort oder eine Erklärung oder nur einen eigenen Gedanken auf mehrere Schultern verteilen? Möchte es beruhigt, getröstet werden?

Symbolisieren

Malen oder Spielen sind schöne Ausdrucksformen, seine Angst außerhalb von sich selbst sichtbar zu machen. So kann man sie sich anschauen, vielleicht darüber reden und sie weniger gefährlich werden zu lassen.

Sicherheit vermitteln

Sicherheit vermitteln wir durch Ruhe, Ehrlichkeit, Klarheit und auch durch eine gute Beziehung. »Ich bin da. Ich beschütze dich.« Oder: »Hier ist ein Ort, da kann nichts passieren.« Oder: «Wir gehen zusammen raus und sehen, dass alles in Ordnung ist.«

Ein Brief an den Terroristen

Im folgenden Beispiel entsteht aus einer Situation, die David erlebt hat, ein Gespräch darüber, warum Terroristen vielleicht das tun, was sie tun, und wie man dem begegnen könnte.

▶ *David: »Der Jonas im Kindergarten wird auch immer geärgert. Georg und seine Freunde treten den oft oder sagen ‚Fettwanst' zu dem. Dann wird er manchmal richtig sauer und dann lachen alle über ihn.«*
Mutter: »Da wird er sicher sehr drunter leiden. Warum ärgern sie ihn so?«
David: »Das finden die wohl irgendwie lustig. Und sie fühlen sich ganz stark und außerdem ist der Jonas auch manchmal komisch.«
Mutter: »Inwiefern ist der komisch?«
David: »Na, der sagt so wenig und hat so komische Sachen an und gibt auch nie was ab. Und der guckt einen auch nie richtig an. Ich glaub, ich hab den noch nie lächeln sehen.«
Mutter: »Vielleicht geht es dem auch sonst nicht so gut.«
David: »Ja, das kann sein. Der Vater von dem lächelt auch nie, wenn er ihn abholt ...«
Mutter: »Weiß denn Frau Engels, eure Erzieherin, davon?«
David: »Ja, wir haben der das schon oft gesagt, aber die hat keine Zeit.«
Mutter: »Ich werde nochmal mit ihr darüber sprechen.«
David: »Was willst du ihr denn sagen?«
Mutter: »Dass es wichtig ist, dass wir Erwachsenen uns darum kümmern. Ich werde sie fragen, ob sie mit Georg und den anderen sprechen kann und auch mit den Eltern und allen Kindern in der Kita, damit das aufhört. Denn wenn man solches Verhalten nicht beachtet, wird die Sache nur schlimmer.«

David: »Das stimmt. Die denken sich immer neue Sachen aus. Letztens haben sie sogar Jonas den Rucksack abgenommen und ihn ins Gebüsch geworfen.«
Mutter: »Ja, man denkt immer, dass das Ärgern von selber aufhört und dass es nur schlimmer wird, wenn man mit jemandem drüber spricht, aber das Gegenteil stimmt. Es wird schlimmer, wenn man nichts macht. Und die Menschen, die so gehänselt und gequält werden, fühlen sich bei jedem Mal noch schlechter.«
David: »Mama, die Terroristen, die fanden das doch bestimmt genauso doof als Kind, dass die keine Liebe hatten.«
Mutter: »Ja. Das fanden die bestimmt doof. Mehr noch: Es hat sie vielleicht sprachlos und ohnmächtig gemacht. Und dann haben sie sich vorgenommen, dass sie sich nie wieder so ohnmächtig und hilflos fühlen wollen. Sie haben sich entschlossen, dass sie lieber die Starken sein wollen und lieber anderen etwas antun wollen, als noch mal so verletzt zu werden.«
David: »Das versteh ich nicht. Müssen sie das deshalb jetzt nachmachen?«
Mutter: »Ja, sie sehen das als einzige Möglichkeit, nicht selber noch mal so hilflos und schutzlos zu sein. Sie haben sonst keine andere Idee davon, wie es anders gehen könnte, dass sie sich nicht mehr so fühlen müssen.«
David: »Aber wenn sie daran denken, dann müssten sie es doch gerade anders machen. Warum denken sie nicht daran?«
Mutter: »Weil es so schmerzhaft ist zurückzuschauen. Wenn man etwas Schlimmes als Kind erlebt hat, dann will man sich daran nicht erinnern. Denn dann würde es einem wieder einfallen, wie schlecht es einem damals ging und wie hilflos man als Kind war. Solche Erinnerungen tun manchmal so weh, dass man es nicht aushalten kann.«

David: »Das verstehe ich. Ich erinnere mich auch nicht gerne an schmerzliche Sachen, die ich erlebt habe, z.B. an den Tag, als ich auf dem Spielplatz von Georg verhauen wurde. Aber ich verstehe nicht, warum die das denn dann selber machen.«
Mutter: »Den Menschen, die das selber machen, ist es oft gar nicht klar, dass sie dieselben schlimmen Sachen machen, die sie als Kind erleiden mussten. Sie sehen den Zusammenhang nicht, dass sie das heute selber machen, weil sie irgendwie ihre schlimmen Erlebnisse dadurch loswerden wollen. Ich weiß, das klingt verrückt, aber so ist es.«
David: »Heißt das, die können gar nicht anders als brutal sein?«
Mutter: »Wenn man als Kind erfährt, dass man Menschen, die einem nicht gefallen, verhauen oder sogar erschießen muss, dann lernt man Verhauen und Erschießen.«
David: »Und wenn man lernt, dass Menschen auch nett sind?«
Mutter: »Dann lernt man lieben und verstehen.«
David: »Dann müssen die das noch lernen.«
Mutter: »Was denkst du, was könnten sie lernen?«
David: »Dass das einfach nur böse ist, andere zu erschießen, und dass es Menschen traurig macht und andere Menschen noch wütender und dass es sie selbst auch nicht glücklich macht. Und auch, dass man mit Liebe viel glücklicher ist. Kann man denen das nicht mal erklären? … Kannst du denen das nicht sagen, Mama?«
Mutter: »Ja, das wäre eine gute Idee, aber … ich kenne sie ja nicht.«
David: »Mmmmhhh … Weißt du, was wir machen können? Wir könnten einen Brief schreiben.«
Mutter: »Einen Brief? Das ist eine gute Idee, wir schreiben einen Brief. Diktierst du mir und ich schreibe?«
David: »O. k.« ◀

»Hallo Terrorist,
denkst du eigentlich manchmal an früher? Als du klein warst? Wie hast du dich da gefühlt? Bist du da verhauen worden? Hattest du eine Mama, die keine Zeit für dich hatte, oder hattest du einen Papa, der dir nie etwas vorgelesen hat? Haben deine Eltern mit dir geschimpft, wenn du geweint hast? Oder kann es vielleicht sein, dass dich deine Mitschüler oder deine Geschwister geärgert und ausgelacht haben? Wenn es dir als Kind nicht gut ging und keiner dich verstanden hat oder sich für dich interessiert hat, dann war das bestimmt sehr schlimm. Wenn man einen doofen Papa oder ein doofe Mama hat, die einen nicht verstehen oder einen nicht gut behandeln, dann ist das wirklich schrecklich. Ich glaube, man fühlt sich als ob man gar nicht wichtig ist und einen keiner gern mag. Und als Kind kann man sich ja auch gar nicht wehren, schon gar nicht gegen die Großen. Aber trotzdem muss ich dich was fragen: Warum bist du dann jetzt selber so gemein? Warum willst du Menschen umbringen? Du weißt doch, dass das auch wieder ganz schrecklich ist und andere Menschen sehr traurig und verzweifelt macht, weil sie dann ihre Freunde oder ihre Kinder oder ihre Eltern verlieren. Was findest du daran gut? Und wem soll das hel-

fen? Dir macht das auch nicht lange ein gutes Gefühl, wenn es das überhaupt macht, und sonst auch niemandem. Du könntest doch auch was anderes machen. Heute bist du ja nicht mehr klein. Du musst dir nicht mehr gefallen lassen, wenn andere dich ärgern. Überleg mal, wen du kennst, der dich gern hat und der dich versteht. Dem würdest du doch auch nichts Böses tun. Mach' doch was Gutes. Z. B. mit Kindern spielen oder anderen Menschen helfen, denen es nicht gut geht. Das könntest du doch machen! Dann müssten andere keine Angst vor dir haben und du müsstest selbst keine Angst mehr haben.

Viele Grüße

David«

Literatur und Leseempfehlungen

Ben Jelloun, Tahar: »Papa, was ist ein Terrorist?« Berlin Verlag, München, Berlin 2016 (Ein Gespräch mit einer Jugendlichen)

Freud, Anna: Das Ich und die Abwehrmechanismen. Fischer Verlag, Frankfurt, 17. Auflage 1984 (Verhalten von Kindern verstehen.)

Renn, Ortwin: Das Risikoparadox. Fischer, Frankfurt, 2014 (Hier geht es vor allem um den Umgang und die Einschätzung von Risiken.)

Theweleit, Klaus: Das Lachen der Täter: Breivik u. a. Psychogramm der Tötungslust. Residenz-Verlag, St. Pölten, 2015 (Hier werden die Motive von Tätern und die Ausgangslagen zu Taten analysiert.)

Tipps im Netz

Interview von Ute Welty mit Prof. Dr. Ortwin Renn. Als Audio-Beitrag zu finden unter *deutschlandfunkkultur* mit dem Suchwörtern »Angst vor Anschlägen«.

Logo-Kindernachrichten: Super für Kinder erklärt, so verstehen auch Erwachsene was. Auf den Seiten des *ZDF* zu finden unter den Suchwörtern »Kinder«, »logo« und »Terroristen«.

Le petit journal: Ein Vater spricht mit seinem Jungen über die Attentate in Paris. In französischer Sprache. Auf *YouTube* zu finden unter den Suchwörtern »Attentats de Paris« und »Brandon«.

Zeit-Online, Interview zum Thema: »Die Angst wird nur kleiner, wenn wir uns dem Leben stellen.« Auf den Seiten *Der Zeit* zu finden in der Rubrik »Gesellschaft« bzw. »Familie«.

Interview in der ARD-Sendung »neuneinhalb« zum Thema »Anschlag auf Konzert – Wie kann man mit der Angst umgehen«. Als Video zu finden auf YouTube unter den Suchwörtern »ARD«, »neuneinhalb«, »Anschlag auf Konzert«.

Autoren-
info

Elisabeth Raffauf, Diplom-Psychologin, arbeitet in freier Praxis und ist tätig an zwei Erziehungsberatungsstellen. Sie hält Vorträge und leitet Workshops für Fachkräfte, u. a. für die »Kinderschutz-Zentren«, für Krankenkassen und Ärzte. Als Autorin und Expertin im Studio ist sie u. a. für den WDR und für die Kindernachrichtensendung »logo« tätig. Sie ist Autorin von Erziehungsratgebern und Aufklärungsbüchern, u. a. »Pubertät heute« und »Das Mädchenbuch« (Beltz-Verlag), »So schützen Sie ihr Kind vor sexuellem Missbrauch« und »Die tun nicht Nichts. Die liegen da und wachsen« (Patmos Verlag).
Im Internet finden Sie unter *Elisabethraffauf* ihre Webseite für weitere Informationen zur Autoren.